Tre Cjeptë Gruff
The Three Billy Goats Gruff

retold by
Henriette Barkow

illustrated by
Richard Johnson

Albanian translation by Bardha Stavileci

Na ishin njehërë tre cjep të quajtur Gruff. Ata jetonin në një kodër shumë shumë të pjerrët. Tre cjept e kishin ngrënë gjithë barin e gjelbër e të njomë, e u duhej të gjenin pak ushqim.

Once there were three very hungry billy goats called Gruff. They lived on the side of a steep steep hill. The Billy Goats Gruff had eaten all the green green grass and needed to find some food.

Cjeptë e shihnin barin e gjelbër poshtë në luginë, mirëpo për të mbërri aty u duhej të kalonin një urë. E nën atë urë jetonte një qenie e uritur dhe e pashpirt …

In the valley below the Billy Goats Gruff could see the fresh green grass, but to reach it they had to cross over a bridge. And under that bridge lived a mean and hungry …

TROLLI.

TROLL.

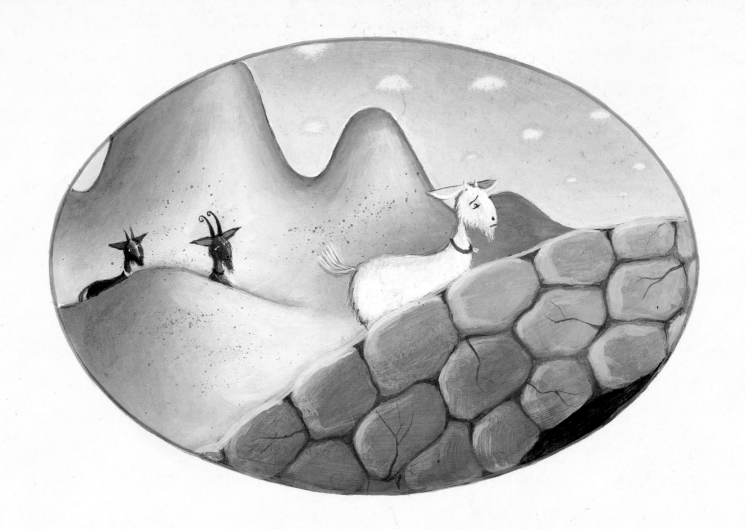

"Jam i uritur!" - thirri cjapi i parë Gruff. "Do ta ha atë barë të njomë," dhe iku para se ta ndalnin të tjerët.
Trap-trup, trap-trup po ecte nëpër urë kur …

"I'm hungry!" said the first Billy Goat Gruff. "And I'm going to eat that fresh green grass," and before the others could stop him, off he ran.
Trip trap, trip trap across the bridge he went when …

një zë ulëroi: "Kush po ecë **trapa-trupa** në urën time?"
"Unë jam,"- tha cjapi i vogël Gruff, me zë të hollë që po i dridhej.

a voice roared: "Who's that **trip trapping** on **my** bridge?"
"It's only me," said the youngest Billy Goat Gruff, in a tiny, trembling voice.

"Unë jam i pashpirt jam i uritur dhe tani do të të ha!" - gjëmoi Trolli .
"Të lutem mos më ha mua. Unë jam i vogël dhe i dobët. Vëllai im është duke ardhur, ai është më i madh se unë," - iu lut cjapi vogël Gruff.

"Well, I'm mean, and I'm hungry and I'm going to eat you up!" growled the Troll. "Please, don't eat me. I'm only little and thin. My brother is coming and he's much much bigger than me," pleaded the youngest Billy Goat Gruff.

Cjapi i dytë Gruff tha, "Nëse vëllai im i vogël mundet ta kalojë urën, mundem edhe unë!"
Trap-trup, **trap-trup** po ecte kur…

The second Billy Goat Gruff said, "If my little brother can cross the bridge, then so can I!"
Trip trap, trip trap across the bridge he went when …

një zë ulëroi: "Kush po ecë **trapa-trupa** në urën time?"
"Unë jam," - tha cjapi i mesëm Gruff, me zë të ulët e të frikësuar.

a voice roared: "Who's that **trip trapping** on **my** bridge?"
"It's only me," said the middle Billy Goat Gruff, in a small, scared voice.

"Unë jam i pashpirt, dhe jam i uritur dhe tani do të të ha!" - gjëmoi Trolli.
"Të lutem mos më ha unë jam i vogël, vëllau im është duke ardhur e ai është shumë më i madh se unë," - iu lut cjapi i mesëm Gruff.

"Well, I'm mean, and I'm hungry and I'm going to eat you up!" growled the Troll.
"Please don't eat me. I'm only little and thin. My other brother is coming and he's much much bigger than me," pleaded the middle Billy Goat Gruff.

"Me të vërtetë ti *qenke* asht e lëkurë," u pajtua Trolli. "S'paska mish në ty. Po e pres vëllain tënd të madh."
Kështu cjapi i dytë Gruff kaloi urën dhe filloi të hante barin e njomë.

"That's true, you *are* all skin and bones," agreed the Troll. "There's not enough meat on you. I'll wait for your bigger brother."
So the second Billy Goat Gruff crossed over the bridge and started to eat the fresh green grass.

Tani dy cjep kullosnin në livadhin e gjelbër, e një cjap shumë i uritur
kishte mbetur mbrapa.
Si do të mund ta kalonte urën cjapi më i vjetri Gruff?

Now there were two billy goats in the fresh green meadow
and one very hungry billy goat left behind.
How could the third and oldest Billy Goat Gruff
cross over the bridge?

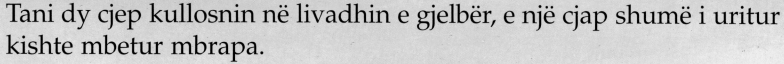

"Mirë," mendoi cjapi i tretë Gruff. "Nëse të tjerët munden ta kalojnë urën edhe unë mundem gjithashtu!"
Trap-trup, trap-trup po ecte nëpër urë kur … .

"Well," thought the third Billy Goat Gruff, "if the others can cross that bridge then so can I!"
Trip trap, trip trap across the bridge he went when ...

një zë ulëroi: "Kush po ecë **trapa-trupa** në urën time?"
"Unë jam!"- tha me zë të thellë cjapi më i vjetri Gruff. "Mirëpo unë jam i madh,
jam i fortë dhe nuk kam frikë nga ti!"- edhepse ai në të vërtetë frigohej.

a voice roared: "Who's that **trip trapping** on **my** bridge?"
"It's me!" bellowed the oldest Billy Goat Gruff. "And I'm big,
and I'm strong, and I'm not scared of you!" - although he really was.

"Shiko, unë jam i pashpirt, dhe jam i uritur dhe tani do të të ha!" - gjëmoi Trolli. "Po ti ashtu mendon!"- tha cjapi i vjetër Gruff. "Ti ndoshta je i keq dhe i uritur, por nëse don të më hash, eja e më zë!"

"Well, I'm mean, and I'm hungry and I'm going to eat you up!" growled the Troll. "That's what you think!" said the oldest Billy Goat Gruff. "You may be mean, and you may be hungry. But if you want to eat me, come and get me!"

Trolli u ngjit në urë dhe nxitoi drejt cjapit të tretë Gruff.

The Troll climbed onto the bridge and rushed towards
the third Billy Goat Gruff.

Por cjapi i tretë Gruff po rinte gati. I uli brinjët, i përplasi thundrat … **trap-trup**, **trap-trup** … dhe u vërsul drejt Trollit.

But the third Billy Goat Gruff was ready for him. He lowered his horns, he stamped his hooves … **trip trap, trip trap** … and charged towards the Troll.

Kështu Trolli fluturoi
nëpër ajër.

The Troll went flying
through the air.

Dhe u përplas në ujë shumë
shumë të ftohët.

He landed with a mighty splash,
in the cold cold water.

Lumi shumë shumë i thellë e mbarti në det Trollin e pashpirt dhe të uritur, dhe ai më nuk është parë asnjëherë.

The deep deep river carried the mean and hungry Troll out to sea and he was never seen again.

Apo ndoshta
edhe është parë?

Or was he?

Tani tre cjeptë Gruff nuk janë më të uritur. Ata munden të hanë barë të njomë sa të duan. Edhe mund të ecin **trap e trup** nëpër urë sa herë që të duan.

Now the three Billy Goats Gruff aren't hungry anymore. They can eat as much fresh green grass as they want. And they can **trip trap** across the bridge whenever they like.

For Debbie, Denise, Katy, Jimbo, Rob & all the trolls!
H.B.

To Mum, Dad, Laura & David
R.J.

"Trolli është qenie e mbinatyrshme e mitlologjisë Skandinave.
Ai në përralla përshkruhet si shumë i madh ose shumë i vogël me fuqi magjike."

First published 2001 by Mantra Publishing Ltd
5, Alexandra Grove, London N12 8NU
http://www.mantrapublishing.com

Copyright © 2001 Mantra Publishing Ltd

Printed in Italy